¡Es Noche de Brujas!

por Richard Sebra

BUMBA BOOKS™ en español

EDICIONES LERNER ◆ MINEÁPOLIS

Muchas gracias a José Becerra-Cárdenas, maestro de segundo grado en Little Canada Elementary, por revisar este libro.

Nota a los educadores:

A través de este libro encontrarán preguntas para el pensamiento crítico. Estas preguntas pueden utilizarse para hacer que los lectores jóvenes piensen críticamente del tema con la ayuda del texto y las imágenes.

ediciones Lerner
Una división de Lerner Publishing Group, Inc.
241 First Avenue North
Mineápolis, MN 55401, EE. UU.

Si desea averiguar acerca de niveles de lectura y para obtener más información, favor consultar este título en www.lernerbooks.com

Library of Congress Cataloging-in-Publication Data

Names: Sebra, Richard, 1984– author.
Title: ¡Es Noche de brujas! / por Richard Sebra.
Other titles: It's Halloween! Spanish
Description: Minneapolis : ediciones Lerner, 2018. | Series: Bumba books en español. ¡Es una fiesta! | Includes bibliographical references and index. | Audience: Age 4–7. | Audience: K to grade 3.
Identifiers: LCCN 2017053132 (print) | LCCN 2017056164 (ebook) | ISBN 9781541507906 (eb pdf) | ISBN 9781541503489 (lb : alk. paper) | ISBN 9781541526624 (pb : alk. paper)
Subjects: LCSH: Halloween—Juvenile literature.
Classification: LCC GT4965 (ebook) | LCC GT4965 .S4418 2018 (print) | DDC 394.2646—dc23

LC record available at https://lccn.loc.gov/2017053132

Fabricado en los Estados Unidos de América
1-43843-33676-12/22/2017

Tabla de
contenido

Dulce o travesura

La Noche de Brujas es una fiesta del otoño.

La gente la celebra el 31 de octubre.

La Noche de Brujas comenzó como un festival de la cosecha. Marcaba el inicio del invierno.

¿Qué tipo de comidas puede haber en un festival de la cosecha?

La Noche de Brujas

comenzó en Europa.

Después llegó a los

Estados Unidos.

La gente se viste con disfraces.

Algunos disfraces son

escalofriantes.

Algunas personas se disfrazan

como fantasmas o brujas.

¿Cuáles son algunos disfraces que las personas pueden usar?

A los niños les gusta pedir dulces o

hacer travesuras.

Van caminando de casa en casa.

Las personas les dan dulces.

Algunas personas colocan

decoraciones.

Pueden tener cuervos.

Pueden tener telarañas.

Las calabazas crecen en el otoño.

La gente esculpe rostros en ellas.

Les ponen velas adentro.

Las calabazas brillan.

Las personas se asustan entre ellos en la Noche de Brujas.

Se cuentan historias de fantasmas.

¿Cuáles son otros tipos de historias de miedo?

Es divertido disfrazarse.

La Noche de Brujas es un

excelente oportunidad

para estar con amigos.

Esculpiendo calabazas

Las calabazas pueden tener muchas caras.
Pueden ser caras felices, tontas o malvadas.

Glosario de imágenes

disfraces

ropa que usas para pretender ser alguien más

decoraciones

cosas que pones alrededor de una casa en una fiesta

brillar

alumbrar o iluminar

cosecha

el momento cuando la comida es tomada de las granjas

23

Índice

Leer más

Felix, Rebecca. *We Celebrate Halloween in Fall*. Ann Arbor, MI: Cherry Lake Publishing, 2013.

Pettiford, Rebecca. *Halloween*. Minneapolis: Jump!, 2016.

Smith, Mary-Lou. *Celebrate Halloween*. New York: Cavendish Square Publishing, 2016.

Agradecimientos de imágenes

Las imágenes en este libro son utilizadas con el permiso de: © demarco-media/iStock.com, página 5; © Candus Camera/Shutterstock.com, páginas 6, 23 (abajo a la derecha); © spectrumblue/Shutterstock.com, páginas 8–9; © kali9/iStock.com, páginas 10, 23 (arriba a la izquierda); © mediaphotos/iStock.com, página 13; © stellalevi/iStock.com, páginas 14–15, 23 (arriba a la derecha); © Veronika Surovtseva/iStock.com, páginas 17, 23 (abajo a la izquierda); © vitapix/iStock.com, página 19; © Monkey Business Images/Shutterstock.com, páginas 20–21; © Donnay Style/Shutterstock.com, página 22.

Portada: © Yellowj/Shutterstock.com.